ABC der Tiere
Arbeitsblätter
Lesezirkus

1

Herausgegeben von

Klaus Kuhn

Bearbeitet von

Rosmarie Handt, Klaus Kuhn

Illustriert von

Ingrid Hecht

www.ABC-der-Tiere.de

Mildenberger

Die Symbole bedeuten

 Schreibe mit zwei Farben auf das Arbeitsblatt.

 Verbinde Silben, Wörter und Bilder.

 Schlage im Buch Lesezirkus nach.

Impressum

Bestell-Nr. 1403-74 · ISBN 978-3-619-14374-0

Auflage 4 3 2 1
Jahr 2013 2012 2011 2010

www.mildenberger-verlag.de
E-Mail: info@mildenberger-verlag.de

Illustrationen: Ingrid Hecht, 30163 Hannover
Symbole: Heike Treiber, 79199 Kirchzarten

Druck: Furtwängler GmbH & Co. KG, 79211 Denzlingen

Gedruckt auf umweltfreundlichen Papieren.

Bezugsmöglichkeiten
Alle Titel des Mildenberger Verlags erhalten Sie unter: www.mildenberger-verlag.de oder im Buchhandel. Jede Buchhandlung kann alle Titel direkt über den Mildenberger Verlag beziehen.
Ausnahmen kann es bei Titeln mit Lösungen geben: Hinweise hierzu finden Sie in unserem aktuellen Gesamtprogramm.

www.ABC-der-Tiere.de

Inhaltsverzeichnis

Seite

Waldi auf dem Eis – 1

Setze die passenden Wörter ein.
Die Silben im Schnee helfen dir dabei.

Waldi auf dem Eis

Timo und Anna rollen den Schnee.

Es soll ein ______ werden.

Timo will mitten auf das ______.

Anna warnt Timo: „Nein, das Eis ist ______.

Er wirft den ______ weit fort.

Der Ast landet auf dem ______.

Oh, wo ist Waldi?

Nur seine ______ schaut aus dem Wasser.

Timo weint laut: „Mein ______ Waldi!“

Anna wirft schnell den ______.

Anna und Timo ______ Waldi.

Er ______ leise.

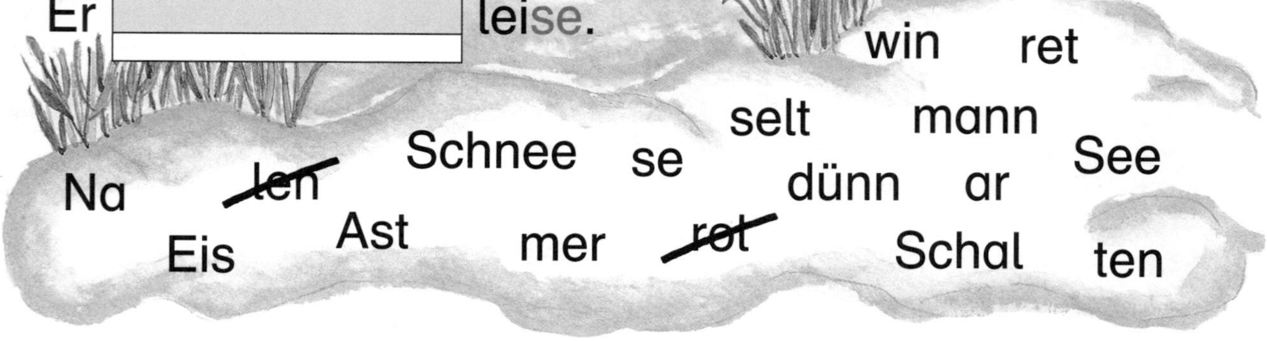

Waldi auf dem Eis – 2

Schreibe eine eigene Winter-Geschichte.

Memo

1. Finde die passenden Wörter.

Die Silben im Schnee helfen dir dabei.

Die B(1) l ä t t e r sind abgefallen.

Im Winter ist es ☐ ☐(2) ☐ ☐.

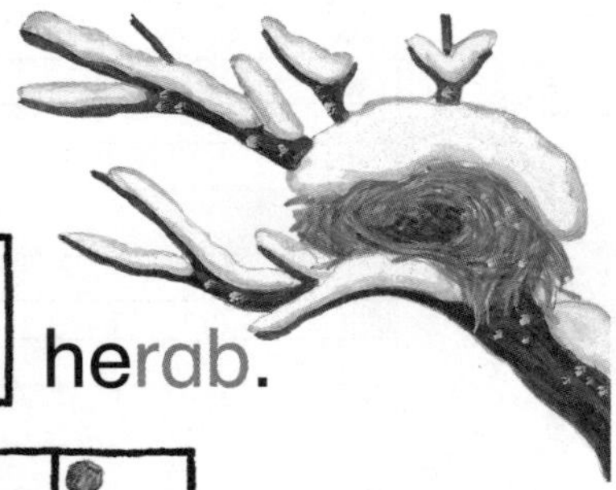

Memo klettert vom ☐ ☐ ☐(3) ☐ herab.

Es knackt Nüsse und ☐ ☐ ☐(4) ☐ ☐.

Memo ☐(5) ☐ ☐ ☐ ☐ ☐ ☐ ☐ wieder hinauf.

Der ☐ ☐ ☐ ☐ ☐ ☐(6) dauert noch lang.

Die ☐ ☐ ☐ ☐ ☐ ☐ ☐ ☐ ☐(7) ☐ ☐ ☐ ☐ fallen auf die Erde.

Der ☐ ☐ ☐(8) ☐ rüttelt an den Ästen.

Im ☐ ☐(9) ☐ ☐ kann Memo weiterschlafen.

2. Die Walnüsse ergeben das Lösungswort:

Das Nest ist in der B(1) ☐(2) ☐(3) ☐(4) ☐(5) ☐(6) ☐(7) ☐(8) ☐(9).

In Kälte, Schnee und Eis – 1

1. Finde die 10 Wörter, die im Suchsel versteckt sind.

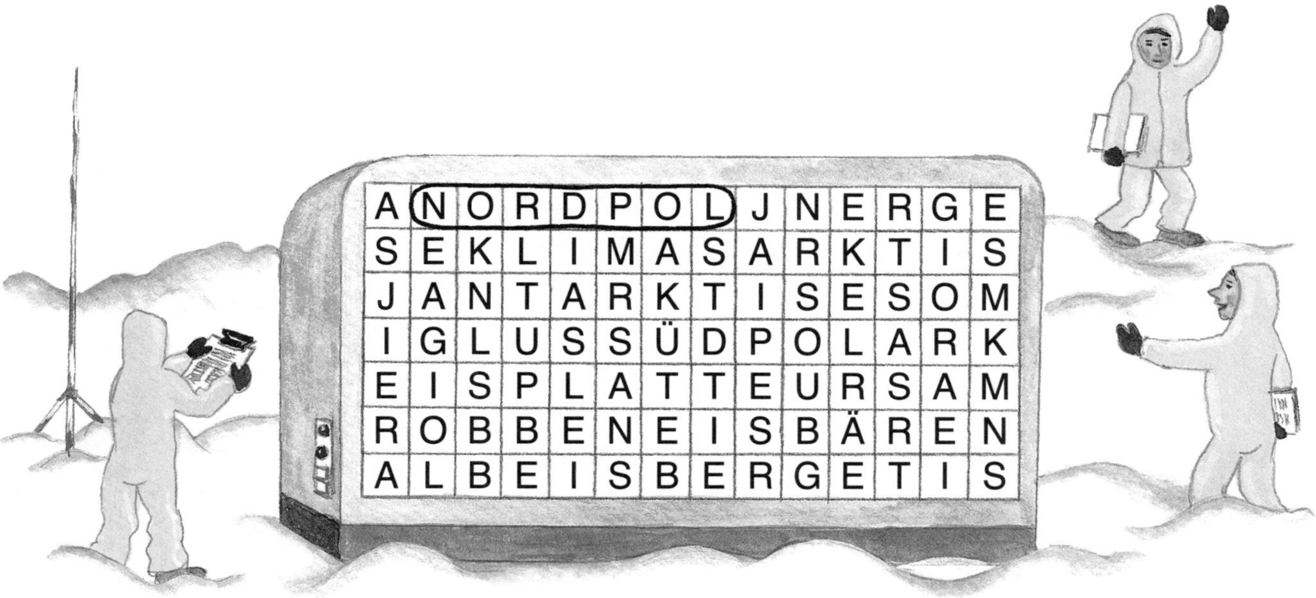

A	N	O	R	D	P	O	L	J	N	E	R	G	E
S	E	K	L	I	M	A	S	A	R	K	T	I	S
J	A	N	T	A	R	K	T	I	S	E	S	O	M
I	G	L	U	S	S	Ü	D	P	O	L	A	R	K
E	I	S	P	L	A	T	T	E	U	R	S	A	M
R	O	B	B	E	N	E	I	S	B	Ä	R	E	N
A	L	B	E	I	S	B	E	R	G	E	T	I	S

Nordpol

In Kälte, Schnee und Eis – 2

2. Ergänze die passenden Wörter aus Aufgabe 1.

Unsere Erde hat einen Nordpol

und einen ____ .

In der ____ brüten Pinguine.

In der Antarktis erforschen Menschen

das ____ .

Der Nordpol ist eine ____

und schwimmt in der ____ .

In der Arktis leben ____

und ____ .

Im Nordmeer schwimmen ____ .

Eskimos bauen ____ aus Schnee.

Eine unheimliche Nacht – 1

Schreibe hinter die Bilder die passenden Wörter.

Britta und Achim

wohnen in einem  Forsthaus .

Sina darf bei  ______ übernachten.

Am Abend lesen die Mädchen

eine  ______ .

Achim ist allein in seinem  ______ .

Da hat er eine Idee.

Er wirft ein weißes  ______ über sich.

Er will die  ______ erschrecken.

Achim schleicht als  ______

in das Zimmer.

 ______ schreit laut: „Mama, Mama, komm!“

Achim stolpert und fällt auf den  ______ .

 ______ kommt herein

und knipst das  ______ an.

Da lachen die  ______

über Achim im  ______ .

Eine unheimliche Nacht – 2

Was erleben Sina, Britta und Achim noch im Forsthaus?

Das tapfere Schneiderlein – 1

Lies die angegebene Stelle
und beantworte die Fragen.

1. Seite 14, Zeile 9

Was stickt das Schneiderlein auf seinen Gürtel?

7 auf einen Streich

2. Seite 14, Zeile 14

Was packt er in seine Tasche?

3. Seite 14, Zeile 21 – 22

Der Riese presst Wasser aus einem Stein.
Was macht das schlaue Schneiderlein?

4. Seite 15, Zeile 24 – 26

Der Riese wirft einen Stein weit fort.
Was macht das schlaue Schneiderlein?

5. Seite 15, Zeile 35 – 36

Was will der böse Riese tun?

Zeilenangaben zur Erstausgabe 1402-92
3. Zeile 22 – 23; 4. Zeile 25 – 27; 5. Zeile 36 – 37

Das tapfere Schneiderlein – 2

6. Seite 16, Zeile 50 – 52

Was verspricht der König dem mutigen Schneiderlein?

7. Seite 16, Zeile 53

Welche Aufgabe
stellt der König zuerst?

8. Seite 17, Zeile 59 – 60

Was soll das Schneiderlein
dann tun?

9. Seite 17, Zeile 68 – 69

Wie lautet die 3. Aufgabe?

Zeilenangaben zur Erstausgabe 1402-92
6. Zeile 51 – 53; 7. Zeile 54; 8. Zeile 61 – 62; 9. Zeile 70 – 71

Der Hase und der Igel – 1

1. So ist der Hase – so ist der Igel

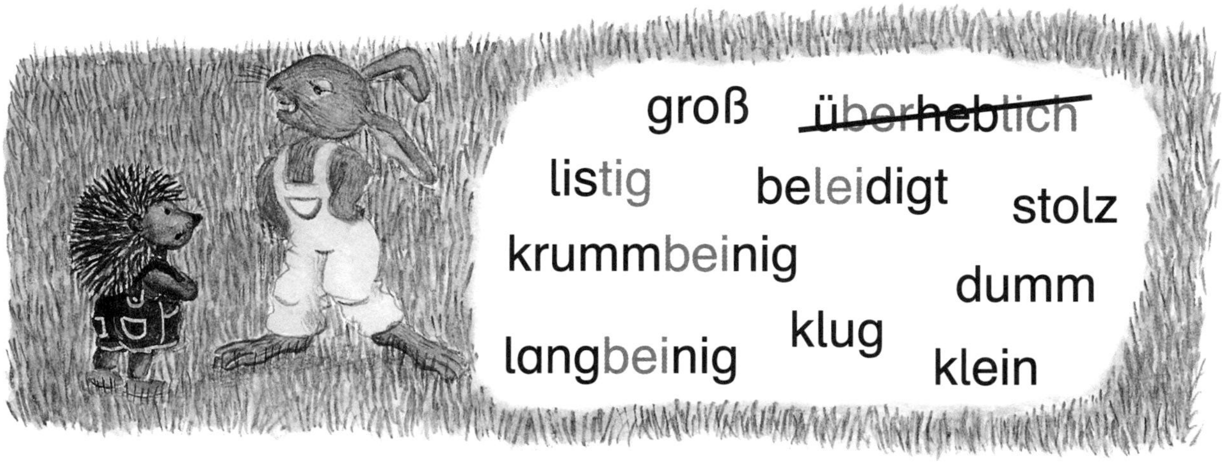

Der Hase ist:

überheblich

Der Igel ist:

2. Hier ist etwas durcheinandergeraten.

Der Igel sagt zu seiner Frau: „Komm, wir laufen mit dem Hasen um die Wette."

Der Hase rennt hin und her, bis er tot umfällt.

Immer wenn der Hase am Ende des Ackers ankommt, rufen Igelmann und Igelfrau: „Ich bin schon da."

An einem sonnigen Tag treffen sich Hase und Igel.

Der Hase und der Igel – 2

2. Schreibe die Sätze vom Arbeitsblatt „Der Hase und der Igel – 1, Nr. 2“ in der richtigen Reihenfolge auf. Die Bilder helfen dir dabei.

An einem

Mogli – 1

1. Finde die 5 Namen und die 2 Wörter, die im Suchsel versteckt sind.

S	C	H	I	R	K	A	N
H	I	B	A	L	U	O	K
U	B	A	G	I	R	A	W
A	K	E	L	A	J	P	O
A	B	Ü	F	F	E	L	L
T	E	W	Ö	L	F	E	G
I	N	O	M	O	G	L	I

Schir Kan

Mogli – 2

2. Bilde mit den Namen und Wörtern aus dem Suchsel Sätze. Verwende dazu die passenden Stichwörter.

Schir Kan hat ein gestreiftes Fell.

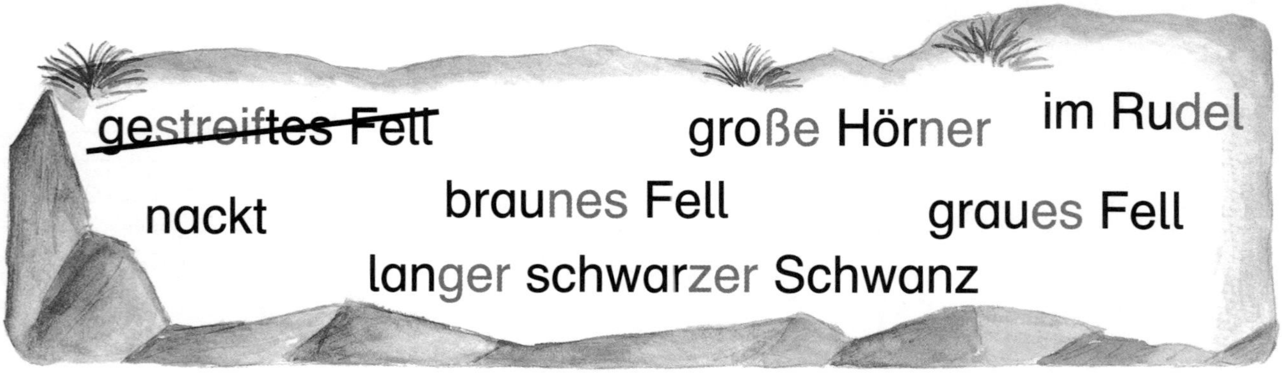

Mogli – 3

1. Lies die Sätze. Was ist richtig, was ist falsch?
Markiere die jeweiligen Buchstaben.
Sie ergeben die beiden Lösungswörter.

	richtig	falsch
Mogli lebte mit den Wölfen im Dschungel.	(d)	R
Schir Kan schloss Freundschaft mit Mogli.	g	e
Bagira bezahlte mit einem fetten Bullen.	r	a
Mogli holte Feuer aus dem Dorf.	S	f
Mogli zog zu den Menschen.	c	e
Er lernte die Sprache der Menschen.	h	d
Mogli wurde Büffelhirte.	l	t
Mogli kämpfte allein gegen Schir Kan.	l	u
Mogli zog dem Tiger das Fell ab.	c	i
Mogli brachte das Fell in das Dorf.	h	e
Akela legte sich auf das Tigerfell.	t	l

2. Lösung:

Mogli besiegte Schir Kan

in d ____________________.

Peter und der Wolf – 1

Schreibe hinter die Bilder die passenden Wörter.

Peter lebt mit  Großvater am Waldrand.

Er geht auf die Wiese

und lässt die 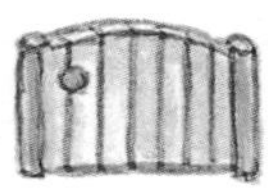 ______ offen.

Er begrüßt seinen kleinen Freund,

den  ______.

Die  ______ watschelt zum Teich.

Sie streitet mit dem  ______.

Da kommt die  ______ angeschlichen.

 ______ ruft laut: „Gib acht!“

Der Großvater kommt aus dem  ______

und warnt: „Hüte dich vor dem  ______.“

Peter und der Wolf – 2

Schreibe hinter die Bilder die passenden Wörter.

Sie gehen zurück

und schließen die 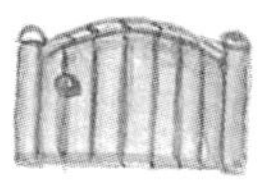 .

Da kommt der  aus dem Wald.

Er verschlingt die  .

Peter klettert auf den 

und fängt den Wolf mit einer  .

Die  wollen den Wolf erschießen.

Peter sagt:

„Wir bringen den Wolf in den  ."

Peter und der Wolf – 3

Was hast du schon mit Tieren erlebt?

Schreibe deine Geschichte auf.

Hans mein Igel

Der Text zu den Bildern ist durcheinandergeraten. Verbinde.

1. Hans sitzt	die Prinzessin.
2. Hans verlässt	zum Schloss des Königs.
3. Hans zeigt	8 Jahre hinter dem Ofen.
4. Hans reitet	dem König den richtigen Weg.
5. Hans schlüpft	auf dem Gockel die Eltern.
6. Hans heiratet	aus der Igelhaut.

Max und Moritz – 1

Ergänze die passenden Wörter.
Die Silben in den Bäumen helfen dir.

Schneider Böck

Nämlich vor des Meisters Hause

floss ein Wasser mit Gebrause.

Übers Wasser führt ein ______

und darüber geht der ______.

Max und Moritz, gar nicht ______,

sägen heimlich mit der ______ –

ritzeratze! – voller ______

in die Brücke eine ______.

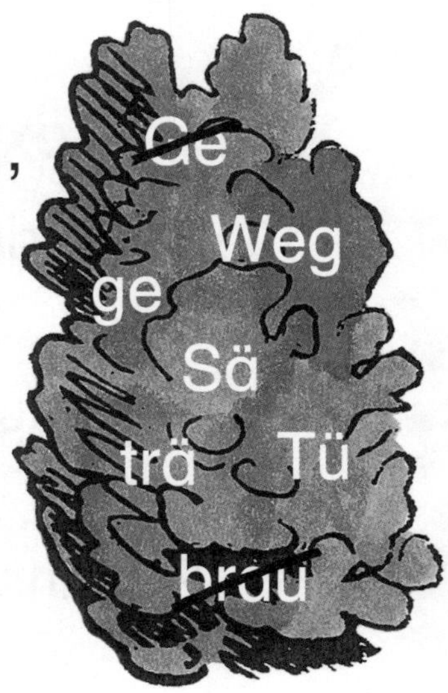

Max und Moritz – 2

Wir reimen selbst wie Wilhelm Busch.

Es brummt der braune Bär
im Walde hin und _____ .
Er will die Bienen necken
und ihren Honig _____ .

Der Fuchs liebt eine Gans.
Er geht mit ihr zum _____
und hat dabei vergessen,
er will sie ja nur _____ .

  · Bestell-Nr. 1403-74

Max und Moritz – 3

1. Lies die Sätze. Was ist richtig, was ist falsch?
Streiche die falschen Buchstaben durch.
Die richtigen Buchstaben ergeben das Lösungswort.

Meister Böck ist von Beruf

Ⓐ Schmied.
Ⓞ Bäcker.
Ⓔ Schneider.

Max und Moritz sägen eine Lücke in

ⓜ die Tür.
ⓛ die Brücke.
ⓝ den Baum.

Meister Böck wird gerettet von

ⓚ dem Nachbar.
ⓢ dem Storchenpaar.
ⓛ dem Gänsepaar.

Frau Böck hilft ihrem Mann mit

ⓡ einer Wärmflasche.
ⓣ einem Kissen.
ⓔ einem Bügeleisen.

2. Lösung: Schnelle springt er mit der ______________

über seines Hauses Schwelle.

Schneeweißchen und Rosenrot – 1

1. Lies die Sätze. Was ist richtig, was ist falsch?
Die Buchstaben ergeben das Lösungswort.

	richtig	falsch
Rosenrot war die Schwester von Schneeweißchen.	(K)	R
Die beiden hatten immer Streit.	o	ö
Ein Wolf streckte den Kopf zur Tür herein.	s	n
Die Mutter schickte das Tier wieder weg.	e	i
Die Schwestern erblickten einen alten Zwerg.	g	n
Sie schnitten ihm das Ende des Bartes ab.	s	b
Auch nahmen sie ihm den Sack mit den Perlen ab.	ä	s
Der Adler flog mit dem Zwerg fort.	o	u
Der Bär gab dem Zwerg einen Schlag mit der Tatze.	h	m
Der Bär verschwand im Wald.	e	n

2. Lösung:

Der Bär verwandelte sich in einen K_____________.

Schneeweißchen und Rosenrot – 2

Ergänze den fehlenden Text.

1. Seite 44 – 45

Der Fisch zieht den Zwerg beinahe ins Wasser.

Der Zwerg sagt: Dieser Fisch will

Die Mädchen schneiden

Der Zwerg sagt: Ihr dummen Gänse! Jetzt schneidet

2. Seite 46

Der Adler hat

Der Zwerg schreit jämmerlich.

Die Mädchen entreißen

Der Zwerg sagt: Ihr dummes Gesindel! Meine Kleider

Aladin und die Wunderlampe

1. Lies die Sätze. Was ist richtig, was ist falsch?
Die jeweiligen Silben ergeben das Lösungswort.

	richtig	falsch
Aladin wollte gerne Schneider werden.	A	(UN)
Der Onkel kam aus Mauretanien.	TER	LA
Aladin macht eine Reise nach Süden.	SIN	IR
Die Erde öffnete sich mit einem Donnerschlag.	DI	MAU
Aladin weinte fünf Tage lang.	RE	SCHEN
Die Mutter wollte die Lampe verkaufen.	PA	TA
Der Geist brachte köstliche Speisen.	LAST	REN

2. Lösung: Aladin findet die Lampe im

un ______________________________.

Aladin und Suleika – 1

1. Im folgenden Text sind alle Wörter großgeschrieben. Finde alle Nomen (Namenwörter) und Verben (Tunwörter). Kreise die Nomen ein und unterstreiche die Verben.

DER SULTAN UND SEINE TOCHTER
WOHNEN IN EINEM PALAST.
DIE DIENER TRAGEN DIE PRINZESSIN
DURCH DIE STADT.

ALADIN VERLIEBT SICH IN SULEIKA
UND WILL SIE HEIRATEN.

DIE MUTTER UND DIE DIENERINNEN
GEHEN IN DEN PALAST
UND BEZAHLEN DEN BRAUTPREIS.

EINE WOCHE WIRD HOCHZEIT GEFEIERT.

Aladin und Suleika – 2

2. Schreibe alle Nomen (Namenwörter) und Verben (Tunwörter) von Aufgabe 1 richtig in die Tabelle.

Nomen	Verben
der Sultan	wir wohnen

Aladin und Suleika – 3

Wie stellst du dir die Hochzeitsfeier vor?

Aladin und der böse Zauberer

1. Der Zauberer verzaubert die Wörter.

Tausche die Buchstaben und schreibe.

Reise	ei → ie	Riese
Lumpen	u → a	
List	i → a	
Ringer	R → F	
Gast	a → ei	
Zwerg	Zw → B	
Hand	H → B	

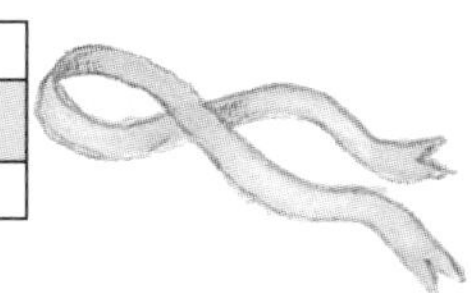

2. Unterstreiche die Wörter, die in der Geschichte auf Seite 54 und 55 vorkommen.

Pinocchio – 1

Finde die 7 Wörter, die im Suchsel versteckt sind, und setze sie richtig in den Lückentext ein.

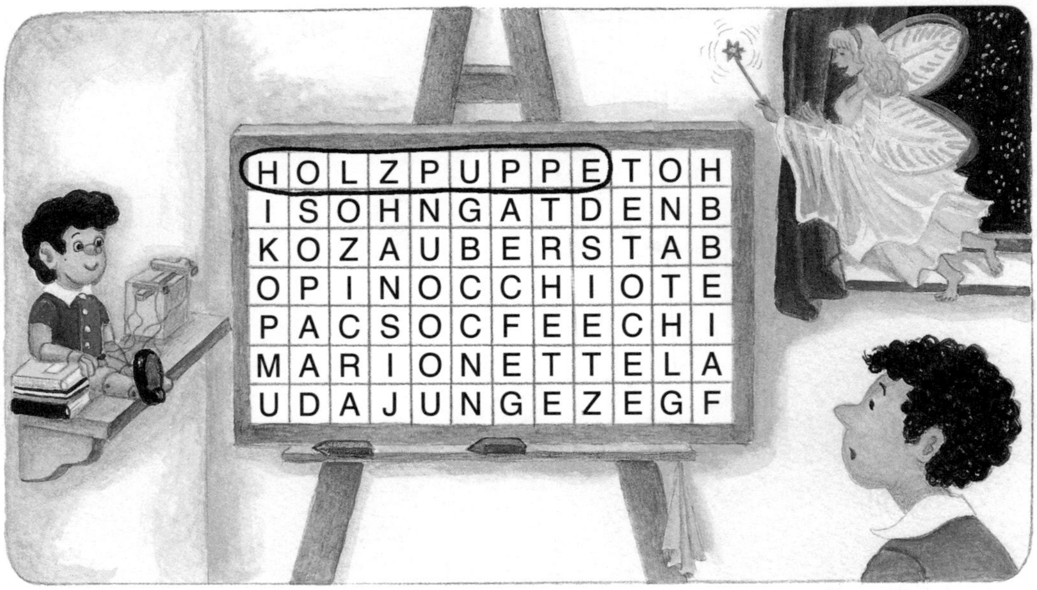

Vor langer Zeit stellte ein Spielzeugmacher

eine Holzpuppe her.

Er malte sie an und nannte sie ______.

Gleich begann der Meister

mit der ______ zu spielen.

Dann ging er müde zu Bett und träumte

von einem kleinen ______.

Auf einmal schwebte eine ______ in das Zimmer.

Sie berührte die Holzpuppe

mit dem ______.

Da wurde Pinocchio ein lebendiger ______.

Pinocchio – 2

Was erlebt Pinocchio noch alles,

bis er wieder mit Gepetto zu Hause war?

Pinocchio – 3

Hier ist etwas verrutscht.

Pinocchiow ara ufde mWeg zurSch ule.

Unterweg strafe rdi eSchurke nJohn un dGideon.

Sie verk aufte nihn anS trombo li.

Amgl eiche nAben dhat te Pin occhios einener stenAu ftritt.

Die Zusch auerwa renbe geistert.

Nachde rVorstel lungsper rteStro mbol idenar menPi nocchi oinei nenVo gelkä fig.

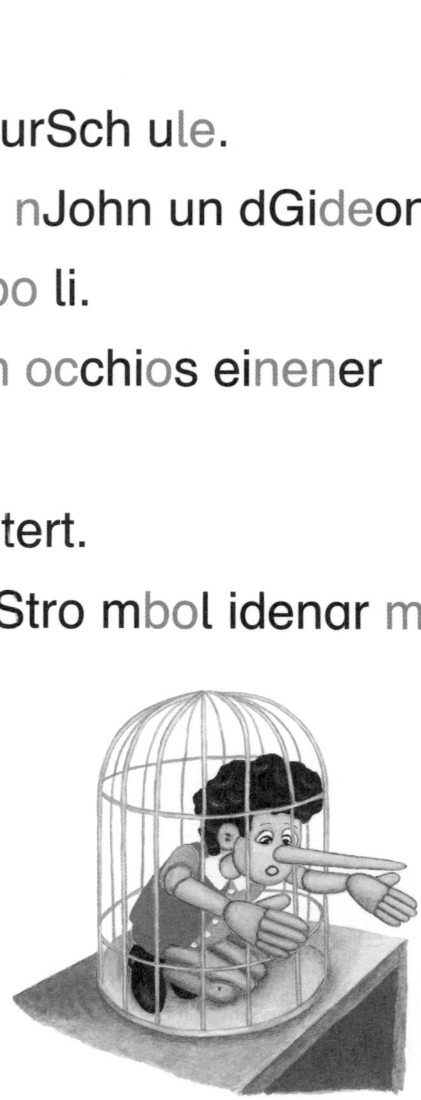

Pinocchio – 4

Schreibe den verrutschten Text richtig auf.

Pinocchio

Lösungen zu „Waldi auf dem Eis – 1“

Setze die passenden Wörter ein.
Die Silben im Schnee helfen dir dabei.

Waldi auf dem Eis

Timo und Anna rollen den Schnee.

Es soll ein Schneemann werden.

Timo will mitten auf das Eis.

Anna warnt Timo: „Nein, das Eis ist dünn.

Er wirft den Ast weit fort.

Der Ast landet auf dem See.

Oh, wo ist Waldi?

Nur seine Nase schaut aus dem Wasser.

Timo weint laut: „Mein armer Waldi!“

Anna wirft schnell den Schal.

Anna und Timo retten Waldi.

Er winselt leise.

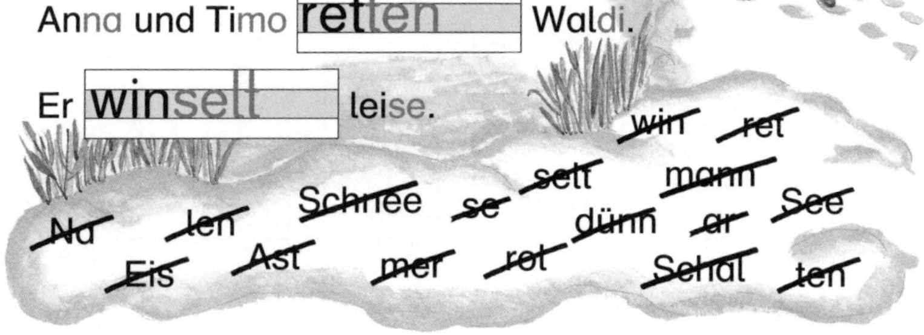

Lösungen zu „Memo“

1. Finde die passenden Wörter.
Die Silben im Schnee helfen dir dabei.

Die Blätter sind abgefallen.

Im Winter ist es kalt.

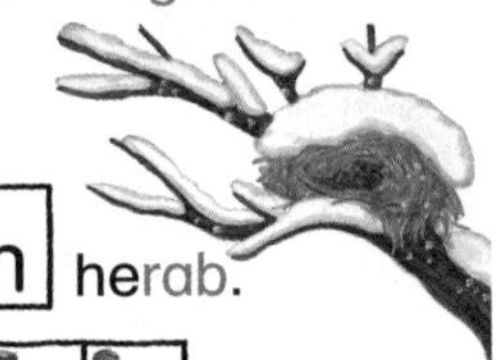

Memo klettert vom Baum herab.

Es knackt Nüsse und Samen.

Memo klettert wieder hinauf.

Der Winter dauert noch lang.

Die Schneeflocken fallen auf die Erde.

Der Wind rüttelt an den Ästen.

Im Nest kann Memo weiterschlafen.

2. Die Walnüsse ergeben das Lösungswort:
Das Nest ist in der Baumkrone.

Lösungen zu KV 4 und KV 5

Lösungen zu „In Kälte, Schnee und Eis – 1“

1. Finde die 10 Wörter, die im Suchsel versteckt sind.

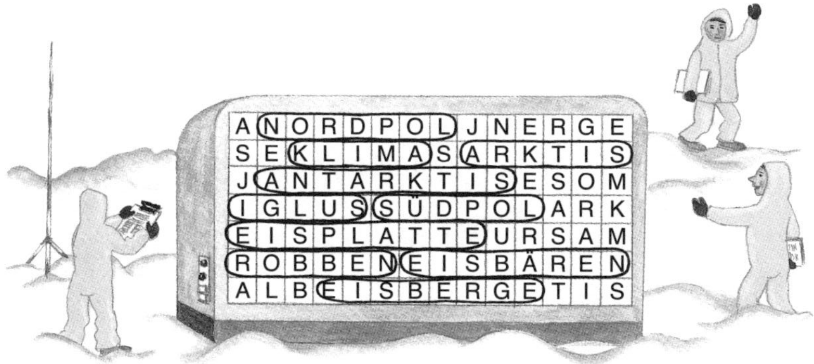

A	N	O	R	D	P	O	L	J	N	E	R	G	E
S	E	K	L	I	M	A	S	A	R	K	T	I	S
J	A	N	T	A	R	K	T	I	S	E	S	O	M
I	G	L	U	S	S	Ü	D	P	O	L	A	R	K
E	I	S	P	L	A	T	T	E	U	R	S	A	M
R	O	B	B	E	N	E	I	S	B	Ä	R	E	N
A	L	B	E	I	S	B	E	R	G	E	T	I	S

Nordpol	Südpol
Klima	Eisplatte
Arktis	Robben
Antarktis	Eisbären
Iglus	Eisberge

Lösungen zu „In Kälte, Schnee und Eis – 2“

2. Ergänze die passenden Wörter aus Aufgabe 1.

Unsere Erde hat einen Nordpol

und einen Südpol.

In der Antarktis brüten Pinguine.

In der Antarktis erforschen Menschen

das Klima.

Der Nordpol ist eine Eisplatte

und schwimmt in der Arktis.

In der Arktis leben Eisbären

und Robben.

Im Nordmeer schwimmen Eisberge.

Eskimos bauen Iglus aus Schnee.

Lösungen zu KV 6 und KV 8

Lösungen zu „Eine unheimliche Nacht – 1“

Schreibe hinter die Bilder die passenden Wörter.

Britta und Achim
wohnen in einem Forsthaus.
Sina darf bei Britta übernachten.
Am Abend lesen die Mädchen
eine Geschichte.
Achim ist allein in seinem Bett.
Da hat er eine Idee.
Er wirft ein weißes Leintuch über sich.
Er will die Mädchen erschrecken.
Achim schleicht als Gespenst
in das Zimmer.
Britta schreit laut: „Mama, Mama, komm!“
Achim stolpert und fällt auf den Boden.
Mama kommt herein
und knipst das Licht an.
Da lachen die Mädchen
über Achim im Schlafanzug.

Lösungsbeispiele zu „Das tapfere Schneiderlein – 1“

Lies die angegebene Stelle
und beantworte die Fragen.

1. Seite 14, Zeile 9
   Was stickt das Schneiderlein auf seinen Gürtel?
   7 auf einen Streich

2. Seite 14, Zeile 14
   Was packt er in seine Tasche?
   Er packt Käse und einen Vogel ein.

3. Seite 14, Zeile 21 – 22
   Der Riese presst Wasser aus einem Stein.
   Was macht das schlaue Schneiderlein?
   Es presst Wasser aus dem Käse.

4. Seite 15, Zeile 24 – 26
   Der Riese wirft einen Stein weit fort.
   Was macht das schlaue Schneiderlein?
   Es wirft einen Vogel weit fort.

5. Seite 15, Zeile 35 – 36
   Was will der böse Riese tun?
   Er will das Schneiderlein
   in der Nacht töten.

Zeilenangaben zur Erstausgabe 1402-92
3. Zeile 22 – 23; 4. Zeile 25 – 27; 5. Zeile 36 – 37

Lösungen zu KV 9 und KV 10

Lösungsbeispiele zu „Das tapfere Schneiderlein – 2“

6. Seite 16, Zeile 50 – 52

Was verspricht der König dem mutigen Schneiderlein?

Er verspricht, ihm seine Tochter
zur Frau zu geben und
das halbe Königreich dazu.

7. Seite 16, Zeile 53

Welche Aufgabe
stellt der König zuerst?

Er soll zuerst die Riesen
besiegen.

8. Seite 17, Zeile 59 – 60

Was soll der Schneider
danach tun?

Er soll das Einhorn fangen.

9. Seite 17, Zeile 68 – 69

Wie lautet die 3. Aufgabe?

Er soll das Wildschwein fangen.

Zeilenangaben zur Erstausgabe 1402-92
6. Zeile 51 – 53; 7. Zeile 54; 8. Zeile 61 – 62; 9. Zeile 70 – 71

Lösungen zu „Der Hase und der Igel – 1“

1. So ist der Hase – so ist der Igel

Der Hase ist:	Der Igel ist:
überheblich	listig
stolz	beleidigt
dumm	klug
langbeinig	krummbeinig
groß	klein

2. Hier ist etwas durcheinandergeraten.

Der Igel sagt zu seiner Frau: „Komm,
wir laufen mit dem Hasen um die Wette.“

Der Hase rennt hin und her, bis er tot umfällt.

Immer wenn der Hase am Ende des Ackers ankommt,
rufen Igelmann und Igelfrau: „Ich bin schon da.“

An einem sonnigen Tag treffen sich Hase und Igel.

Lösungen zu KV 11 und KV 12

Lösungen zu „Mogli – 1“

1. Finde die 5 Namen und die 2 Wörter, die im Suchsel versteckt sind.

S	C	H	I	R	K	A	N
H	I	B	A	L	U	O	K
U	B	A	G	I	R	A	W
A	K	E	L	A	J	P	O
A	B	Ü	F	F	E	L	L
T	E	W	Ö	L	F	E	G
I	N	O	M	O	G	L	I

Schir Kan — Akela

Balu — Büffel

Bagira — Wölfe

Mogli

Lösungen zu „Der Hase und der Igel – 2“

2. Schreibe die Sätze vom Arbeitsblatt „Der Hase und der Igel – 1, Nr. 2“ in der richtigen Reihenfolge auf. Die Bilder helfen dir dabei.

An einem sonnigen Tag treffen
sich Hase und Igel.
Der Igel sagt zu seiner Frau:
„Komm, wir laufen mit dem
Hasen um die Wette.“
Immer wenn der Hase am Ende
des Ackers ankommt, rufen
Igelmann und Igelfrau: „Ich bin
schon da.“
Der Hase läuft hin und her,
bis er tot umfällt.

Lösungen zu KV 13 und KV 14

Lösungsbeispiele zu „Mogli – 2“

2. Bilde mit den Namen und Wörtern aus dem Suchsel Sätze. Verwende dazu die passenden Stichwörter.

Schir Kan hat ein gestreiftes Fell.
Balu hat ein braunes Fell.
Bagira hat einen langen
schwarzen Schwanz.
Akela hat ein graues Fell.
Büffel haben große Hörner.
Wölfe leben im Rudel.
Mogli ist nackt.

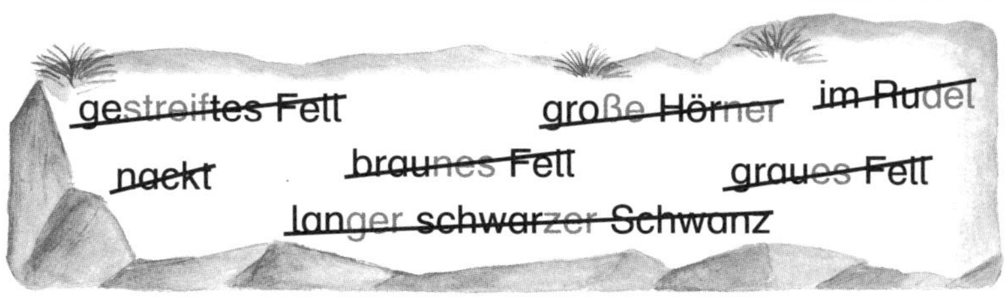

Lösungen zu „Mogli – 3“

1. Lies die Sätze. Was ist richtig, was ist falsch?
Markiere die jeweiligen Buchstaben.
Sie ergeben die beiden Lösungswörter.

	richtig	falsch
Mogli lebte mit den Wölfen im Dschungel.	(d)	R
Schir Kan schloss Freundschaft mit Mogli.	g	(e)
Bagira bezahlte mit einem fetten Bullen.	(r)	a
Mogli holte Feuer aus dem Dorf.	(S)	f
Mogli zog zu den Menschen.	(c)	e
Er lernte die Sprache der Menschen.	(h)	d
Mogli wurde Büffelhirte.	(l)	t
Mogli kämpfte allein gegen Schir Kan.	l	(u)
Mogli zog dem Tiger das Fell ab.	(c)	i
Mogli brachte das Fell in das Dorf.	(h)	e
Akela legte sich auf das Tigerfell.	(t)	l

2. Lösung:

Mogli besiegte Schir Kan
in der Schlucht.

Lösungen zu KV 15 und KV 16

Lösungen zu „Peter und der Wolf – 1“

Schreibe hinter die Bilder die passenden Wörter.

Peter lebt mit Großvater am Waldrand.

Er geht auf die Wiese

und lässt die Gartentür offen.

Er begrüßt seinen kleinen Freund,

den Vogel.

Die Ente watschelt zum Teich.

Sie streitet mit dem Vogel.

Da kommt die Katze angeschlichen.

Peter ruft laut: „Gib acht!“

Der Großvater kommt aus dem Haus

und warnt: „Hüte dich vor dem Wolf.“

Lösungen zu „Peter und der Wolf – 2“

Schreibe hinter die Bilder die passenden Wörter.

Sie gehen zurück

und schließen die Gartentür.

Da kommt der Wolf aus dem Wald.

Er verschlingt die Ente.

Peter klettert auf den Baum

und fängt den Wolf mit einer Schlinge.

Die Jäger wollen den Wolf erschießen.

Peter sagt:

„Wir bringen den Wolf in den Zoo.“

Lösungen zu „Hans mein Igel“

Der Text zu den Bildern ist durcheinandergeraten.
Verbinde.

1. Hans sitzt	die Prinzessin.
2. Hans verlässt	zum Schloss des Königs.
3. Hans zeigt	8 Jahre hinter dem Ofen.
4. Hans reitet	dem König den richtigen Weg.
5. Hans schlüpft	auf dem Gockel die Eltern.
6. Hans heiratet	aus der Igelhaut.

Lösungen zu „Max und Moritz – 1“

Ergänze die passenden Wörter.
Die Silben in den Bäumen helfen dir.

Schneider Böck

Nämlich vor des Meisters Hause
floss ein Wasser mit Gebrause.
Übers Wasser führt ein Steg
und darüber geht der Weg.

Max und Moritz, gar nicht träge,
sägen heimlich mit der Säge –
ritzeratze! – voller Tücke
in die Brücke eine Lücke.

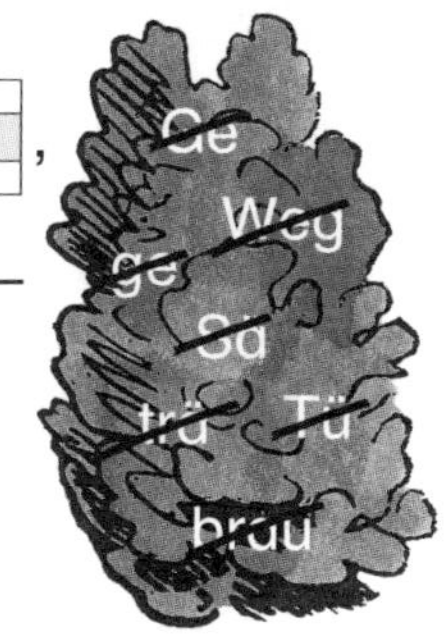

Lösungen zu KV 20 und KV 21

Lösungen zu „Max und Moritz – 2“

Wir reimen selbst wie Wilhelm Busch.

Es brummt der braune Bär
im Walde hin und her.
Er will die Bienen necken
und ihren Honig schlecken.

Der Fuchs liebt eine Gans.
Er geht mit ihr zum Tanz
und hat dabei vergessen,
er will sie ja nur fressen.

Lösungen zu „Max und Moritz – 3“

1. Lies die Sätze. Was ist richtig, was ist falsch?
Streiche die falschen Buchstaben durch.
Die richtigen Buchstaben ergeben das Lösungswort.

Meister Böck ist von Beruf
- ~~(A)~~ Schmied.
- ~~(O)~~ Bäcker.
- (E) Schneider.

Max und Moritz sägen eine Lücke in
- ~~(m)~~ die Tür.
- (l) die Brücke.
- ~~(n)~~ den Baum.

Meister Böck wird gerettet von
- ~~(k)~~ dem Nachbar.
- ~~(s)~~ dem Storchenpaar.
- (l) dem Gänsepaar.

Frau Böck hilft ihrem Mann mit
- ~~(r)~~ einer Wärmflasche.
- ~~(t)~~ einem Kissen.
- (e) einem Bügeleisen.

2. Lösung: Schnelle springt er mit der Elle
über seines Hauses Schwelle.

Lösungen zu KV 22 und KV 23

Lösungen zu „Schneeweißchen und Rosenrot – 1“

1. Lies die Sätze. Was ist richtig, was ist falsch?
   Die Buchstaben ergeben das Lösungswort.

	richtig	falsch
Rosenrot war die Schwester von Schneeweißchen.	(K)	R
Die beiden hatten immer Streit.	o	(ö)
Ein Wolf streckte den Kopf zur Tür herein.	s	(n)
Die Mutter schickte das Tier wieder weg.	e	(i)
Die Schwestern erblickten einen alten Zwerg.	(g)	n
Sie schnitten ihm das Ende des Bartes ab.	(s)	b
Auch nahmen sie ihm den Sack mit den Perlen ab.	ä	(s)
Der Adler flog mit dem Zwerg fort.	(o)	u
Der Bär gab dem Zwerg einen Schlag mit der Tatze.	(h)	m
Der Bär verschwand im Wald.	e	(n)

2. Lösung:
   Der Bär verwandelte sich in einen Königssohn.

Lösungen zu „Schneeweißchen und Rosenrot – 2“

Ergänze den fehlenden Text.

1. Seite 44 – 45

Der Fisch zieht den Zwerg beinahe ins Wasser.

Der Zwerg sagt: Dieser Fisch will mich ins Wasser ziehen.

Die Mädchen schneiden den Bart ab.

Der Zwerg sagt: Ihr dummen Gänse! Jetzt schneidet ihr mir den besten Teil ab.

2. Seite 46

Der Adler hat den Zwerg gepackt.

Der Zwerg schreit jämmerlich.

Die Mädchen entreißen dem Adler seine Beute.

Der Zwerg sagt: Ihr dummes Gesindel! Meine Kleider sind zerrissen.

Lösungen zu KV 24 und KV 25

Lösungen zu „Aladin und die Wunderlampe“

1. Lies die Sätze. Was ist richtig, was ist falsch?
   Die jeweiligen Silben ergeben das Lösungswort.

	richtig	falsch
Aladin wollte gerne Schneider werden.	A	(UN)
Der Onkel kam aus Mauretanien.	(TER)	LA
Aladin macht eine Reise nach Süden.	SIN	(IR)
Die Erde öffnete sich mit einem Donnerschlag.	(DI)	MAU
Aladin weinte fünf Tage lang.	RE	(SCHEN)
Die Mutter wollte die Lampe verkaufen.	(PA)	TA
Der Geist brachte köstliche Speisen.	(LAST)	REN

2. Lösung: Aladin findet die Lampe im
   unterirdischen Palast.

Lösungen zu „Aladin und Suleika – 1“

1. Im folgenden Text sind alle Wörter großgeschrieben. Finde alle Nomen (Namenwörter) und Verben (Tunwörter). Kreise die Nomen ein und unterstreiche die Verben.

DER (SULTAN) UND SEINE (TOCHTER)
WOHNEN IN EINEM (PALAST.)
DIE (DIENER) TRAGEN DIE (PRINZESSIN)
DURCH DIE (STADT.)

(ALADIN) VERLIEBT SICH IN (SULEIKA)
UND WILL SIE HEIRATEN.

DIE (MUTTER) UND DIE (DIENERINNEN)
GEHEN IN DEN (PALAST)
UND BEZAHLEN DEN (BRAUTPREIS.)

EINE (WOCHE) WIRD (HOCHZEIT) GEFEIERT.

Lösungen zu KV 26 und KV 28

Lösungen zu „Aladin und Suleika – 2“

2. Schreibe alle Nomen (Namenwörter) und Verben (Tunwörter) von Aufgabe 1 richtig in die Tabelle.

Nomen	Verben
der Sultan	wir wohnen
die Tochter	wir tragen
der Palast	sich verlieben
die Diener	wir wollen
die Prinzessin	wir heiraten
die Stadt	wir gehen
Aladin	wir bezahlen
Suleika	wir werden
die Mutter	wir feiern
die Dienerinnen	
der Palast	
der Brautpreis	
die Woche	
die Hochzeit	

Lösungen zu „Aladin und der böse Zauberer“

1. Der Zauberer verzaubert die Wörter. Tausche die Buchstaben und schreibe.

Reise	ei → ie	Riese
Lumpen	u → a	Lampen
List	i → a	Last
Ringer	R → F	Finger
Gast	a → ei	Geist
Zwerg	Zw → B	Berg
Hand	H → B	Band

2. Unterstreiche die Wörter, die in der Geschichte auf Seite 54 und 55 vorkommen.

Lösungen zu KV 29 und KV 32

Lösungen zu „Pinocchio – 1“

Finde die 7 Wörter, die im Suchsel versteckt sind, und setze sie richtig in den Lückentext ein.

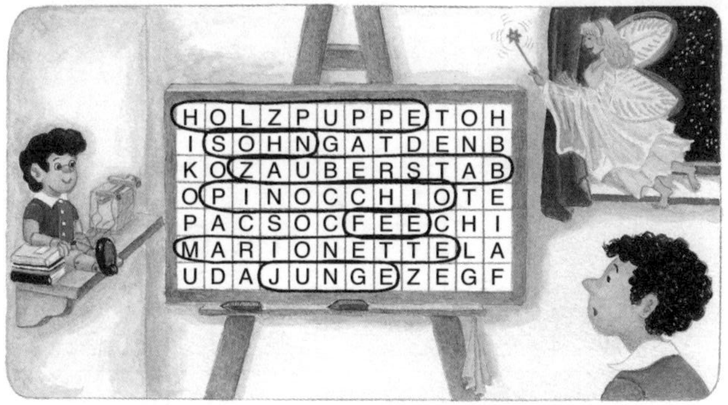

Vor langer Zeit stellte ein Spielzeugmacher eine **Holzpuppe** her.

Er malte sie an und nannte sie **Pinocchio**.

Gleich begann der Meister mit der **Marionette** zu spielen.

Dann ging er müde zu Bett und träumte von einem kleinen **Sohn**.

Auf einmal schwebte eine **Fee** in das Zimmer.

Sie berührte die Holzpuppe mit dem **Zauberstab**.

Da wurde Pinocchio ein lebendiger **Junge**.

Lösungen zu „Pinocchio – 4“

Schreibe den verrutschten Text richtig auf.

Pinocchio war auf dem Weg zur
Schule. Unterwegs traf er die
Schurken John und Gideon.
Sie verkauften ihn an Stromboli.
Am gleichen Abend hatte
Pinocchio seinen ersten Auftritt.
Die Zuschauer waren begeistert.
Nach der Vorstellung sperrte
Stromboli den armen Pinocchio
in einen Vogelkäfig.